Klaus Garber

Reisen in eine untergegangene Welt

Klaus Garber

Reisen in eine untergegangene Welt

Auf Spurensuche in Bibliotheken jenseits von Werra und Fulda, Oder und Neiße

Technische Universität Dresden
2011

GEDÄCHTNIS UND VERLUST

»Jetzt erkenne ich, worin vorzüglich die Bedeutung dieser Reise für mich lag. Ich durfte die noch lebendige Kontinuität der deutschen Geschichte anschauen und einen über die Zeiten hinwegtönenden Akkord vernehmen, bevor die Kluft aufgerissen wurde, die in alle Zukunft niemand mehr wird ausfüllen oder überspringen können.«

So schrieb Werner Bergengruen in seiner Erinnerung an eine Sommerreise durch Deutschland im Jahre 1933.[1] Erst jetzt, anlässlich der Vorbereitung dieses Vortrags, stieß ich beiläufig auf jenen Text. Und das in einem Programmheft des Sinfonieorchesters des Norddeutschen Rundfunks zu einem Konzert, das der Erinnerung an Felix Mendelssohn und seiner Wiederentdeckung Johann Sebastian Bachs gewidmet und meisterhaft von Christoph Eschenbach – in einer Doppelrolle als Dirigent und Pianist – zusammen mit der russischen Pianistin Elisabeth

Leonskaja in der Laisz-Halle der Heimatstadt Hamburg zu Gehör gebracht wurde.
Dort hieß es des Weiteren unter dem Titel *Gedächtnis und Verlust*:[2]

»In der Nacht zum 10. November 1936 wurde Mendelssohn vom Sockel gestürzt: Sein Denkmal vor dem (zweiten) Leipziger Gewandhaus wurde abgebrochen, zerstört, vernichtet. Und tags darauf wollte Sir Thomas Beechem mit einer Delegation des London Philharmonic Orchestra ebendort einen Kranz niederlegen! Im selben Jahr wurde in Hamburg die marmorne Gedenktafel über dem Eingang der Großen Michaelisstraße 14 entfernt. Nichts sollte mehr daran erinnern, daß in diesem Haus Felix Mendelssohn geboren worden war: am 3. Februar 1809. Aber diese Akte der Verwüstung, diese Denkmalschändungen waren als symbolische Handlung nur das Vorzeichen eines unheilbaren Kultursturzes und Zivilisationsbruches.«

Es folgten die eingangs zitierten Worte von Bergengruen:

»Ich durfte die noch lebendige Kontinuität der deutschen Geschichte anschauen und einen über

die Zeiten hinwegtönenden Akkord vernehmen, bevor die Kluft aufgerissen wurde, die in alle Zukunft niemand mehr wird ausfüllen oder überspringen können.«

Was veranlasste einen durch seine Herkunft nicht prädestinierten Menschen, über Jahrzehnte nach Mittel- und Osteuropa aufzubrechen und sich daselbst auf eine in Anlage und Durchführung stets wieder gleichende Suche von geschichtlich-bibliothekarisch-bibliophilen Spuren zu machen? Jetzt, nach der Beendigung dieser Fährtensuche, ist es an der Zeit, Rechenschaft abzulegen. Gelebtes Leben weiß nichts von seinen Beweggründen. Es bedarf der Abstandnahme, der Rückwendung, eben der Reflexion. Sie soll zu später Stunde angestellt werden. Es geht um eine Metabetrachtung. Ich möchte versuchen, Persönliches in die folgenden Betrachtungen so zurückhaltend wie möglich einfließen zu lassen. Ganz vermeiden lässt es sich aber nicht. Doch mag die Hoffnung ausgesprochen werden, dass generationstypische und damit verallgemeinerbare Gedanken und Erinnerungen zur Sprache kommen – das aber knapp und stets mit Blick auf das Hauptthema der Vorlesung.

GENERATIONSZUGEHÖRIGKEIT

Nur schwer werden jüngere Menschen sich heute noch vorstellen können, welche Bedeutung Geburtsdaten vor nun weit mehr als einem halben Jahrhundert einmal besaßen. Zwei, drei Jahre Altersunterschied entschieden darüber, ob man noch als Soldat eingezogen wurde oder nicht, ob man noch in die Hitlerjugend eintreten musste oder nicht, ob man noch Glied des letzten Aufgebots im Volkssturm wurde oder nicht. Diejenigen, die als wenig Ältere dem Zugriff des Verbrecher-Regimes ein letztes Mal ausgesetzt waren, hatten Erfahrungen machen müssen, die sie a priori und auf alle Zeit von den Verschonten trennten. Nur wo Vertreibung, Flucht, Entwurzelung für Millionen von Halbwüchsigen zur furchtbaren Realität wurden, galt diese Altersvorgabe vielleicht nicht in dieser Schärfe. Hier mochten Gleichaltrige oder sogar Jüngere Dinge erlebt haben, die ihr Leben gleichfalls prägen mussten und auf andere Weise eine Scheide gegenüber den Nichtbetroffenen bewirkten. Und

analog ist selbstverständlich auch an das Miterleben von Feuerstürmen, Ausbombung, Tod in nächster Nähe zu denken.[3]
Hier spricht ein in jeder Hinsicht Verschonter, obgleich die Heimatstadt Hamburg als erste Großstadt doch während eines heißen Augustmonats im Jahr 1943 im Flächenbrand der Aktion ›Gomorrha‹ verglühte.[4] Der aber erinnert sich noch sehr genau, mit welcher Angst man die Vereinnahmung in die Hitlerjugend befürchtete, der er dann eben doch entging. Nicht mehr zu datieren ist eine andersgeartete Erinnerung, die nun unmittelbar zum Thema führt. Auch wir Kriegskinder waren ausgestattet mit Städtekarten, in denen ein Dutzend Kreise Entfernungen markierten; je kleiner die Kreise, desto näher der Mittelpunkt, in diesem Fall das Ziel der feindlichen Bomber. Die Karten sollten der Bevölkerung daheim Orientierung bei Luftalarm-Meldungen bieten.
Die Städte im Osten fehlten in den für den Hamburger Raum gültigen Karten, wenn die Erinnerung nicht trügt. Später erst, Jahre nach Kriegsende, traten sie zusammen mit den Regionen, in denen sie lagen, ins Blickfeld. Ein nicht mehr datierbares, nicht erklärbares, gleichwohl

unauslöschliches und offensichtlich frühzeitig einsetzendes Sinnen und Grübeln galt den Einträgen auf den Karten, die da für das östliche Deutschland stereotyp lauteten: ›zur Zeit unter polnischer Verwaltung‹, ›zur Zeit unter sowjetischer Verwaltung‹. Davon waren schon vergleichsweise nahe Städte wie die pommersche Hauptstadt Stettin, sodann fernere, gleichwohl vertraute Namen tragende wie Danzig, Elbing oder Königsberg im Nordosten oder aber Breslau, eine Metropole in Schlesien, nebst den höfischen Zentren Liegnitz und Brieg betroffen.
Was war geschehen, das diese Einträge auf den Karten nötig machte? Nun, das klärte sich mit der Zeit. Doch scheint es nicht unstatthaft, Zeugnis davon zu geben, dass es auch in der Bundesrepublik noch alte Menschen gibt, die nicht von Krieg und Vertreibung betroffen waren und dennoch ihr Leben lang eine von dem angedeuteten Sachverhalt ausgehende Beunruhigung empfanden. Sie werden in ein, zwei Jahrzehnten gestorben sein und das Problem wird sich sodann auf naturwüchsige Weise erledigt haben. Aber ist es erlaubt, ja vielleicht geboten, ohne die Spur eines falschen Zungenschlages, einen Moment lang innezuhalten und zu fragen,

was es bedeutet, dass da ein Land mit einem Schlag ein Drittel seines Staatsgebiets verliert, nicht nur politische Körperschaften, sondern kulturelle Zentren und Landschaften aus dem Leben eines Volkes ausscheiden, die Jahrhunderte über wie selbstverständlich mit diesem verbunden waren? Wohlgemerkt: Es geht nicht um die politische, nicht um die nationale und nicht um die staatliche Dimension. Das Zweite Reich war bekanntlich kaum fünfzig Jahre alt geworden, bevor es – nach einer kurzen und prekären republikanischen Zwischenphase – in die Hände der Schergen des – von den Verbrechern sogenannten – Dritten Reichs fiel. Nicht um Machtverlust, Gebietseinbuße oder die Verabschiedung von Großmachtträumen geht es, sondern um die sich nicht ausschließlich, aber doch vor allem über die Sprache manifestierende Zugehörigkeit zu einer Kulturgemeinschaft, die eine Versehrung kaum vorstellbaren Ausmaßes erleiden musste, wenn Stimmen aus diesem Raum nicht mehr gehört werden konnten.[5]

Diese Ahnung muss dem jungen Menschen bei seinem stets wieder einsetzenden Kartenstudium – wie diffus und unartikuliert auch immer – gegenwärtig gewesen sein. Sie hat eine

Neugierde auf das, was da einst deutsch war und nun nicht mehr deutsch war, genährt, die schließlich zu einer lebensbestimmenden wurde. Und diese Neugierde hat sich ganz allmählich weit über die ehemaligen deutschen Ostgebiete hinaus erstreckt, ließ den alten deutschen Sprachraum in Mittel- und Osteuropa als ganzen und als solchen in den Katastrophen des 20. Jahrhunderts umgepflügten in das Blickfeld treten und sukzessive formte sich dieser gleichsam verschollene Raum dann sogar zu einem Erfahrungsraum, der mit beruflichen Belangen sich zunehmend zu verknüpfen begann.

IM ZEICHEN WALTER BENJAMINS UND RICHARD ALEWYNS

Damit gelangen wir auf gesichertes Terrain. Das freilich nur über einen weiten Bogenschlag. Anfang der 60er Jahre, also vor fünfzig Jahren, trat die Literatur des 17. Jahrhunderts mir, dem jungen Germanistik-Studenten, erstmals vor Augen. Der Impuls kam von außen. Der *Ursprung des deutschen Trauerspiels* von Walter Benjamin, 1928 bei Rowohlt in Berlin erschienen, war erstmals nach dem Krieg in einer – freilich verstümmelten – Ausgabe wieder zugänglich, die Theodor Adorno im Suhrkamp-Verlag durchgesetzt hatte.[6] Die Begegnung mit dem Buch löste eine bis heute anhaltende Erschütterung aus. Und das im Blick auf seinen philosophischen Duktus nicht anders als in dem auf sein Sujet, das Drama eines Gryphius, eines Lohenstein, umspielt von ungezählten anderen Texten, deren Grundton in der Benjaminschen Exegese auf Trauer, auf Martyrium, auf Todesverfallenheit, aber auch auf ›ponderacion misteriosa‹ und Ewigkeitshoffnung lautete.[7]

Fast gleichzeitig erfolgte die Begegnung mit einem Mann, der als der bedeutendste Barockforscher seiner Generation galt, dem aus der Emigration zurückgekehrten und nach Stationen in Köln und Berlin schließlich in Bonn wirkenden Richard Alewyn.[8] Benjamin kannte den zehn Jahre jüngeren Alewyn, mit dem er in den zwanziger Jahren in der gleichen Stadt – in Berlin – lebte, nicht persönlich. Aber er wusste um den Nimbus des jungen Gelehrten und erhoffte gerade von ihm eine Stellungnahme zu seinem Buch. Sie war angekündigt und blieb aus. Das traf den Autor und so schnitt der Emigrant Walter Benjamin, nach eigenem brieflichen Zeugnis, den Emigranten Richard Alewyn in den frühen dreißiger Jahren in Paris.[9] Das Alewynsche Rezensionsexemplar des Benjaminschen Buches jedoch, reich annotiert und mit vielen Fragezeichen versehen, befindet sich aus der Bibliothek Alewyns im Besitz des hier Vortragenden. Es wird bei der neuen Edition des Werkes im Suhrkamp-Verlag, die mir anvertraut ist, seine guten Dienste leisten.

LITERARISCHE LANDSCHAFTEN DES OSTENS

Die Begegnung mit den beiden Autoren, beide zutiefst gezeichnet durch die Hitler-Katastrophe, beide um ihr Lebenswerk und der eine als Flüchtling vor den Nazischergen um sein Leben gebracht, führte zu einer nun ein Leben lang währenden Beschäftigung mit der deutschen Literatur des 17. Jahrhunderts. Die aber hatte ihre eigenen Regularien, zu denen nicht zuletzt landschaftliche Besonderheiten gehören. Sie war in ihrem Ursprung ein Gewächs des Ostens. Erstmals machte sich dieser wieder führend in der deutschen Literaturgeschichte geltend. Böhmen, Schlesien, Ostpreußen und das Preußen Königlich Polnischen Anteils, die baltischen Lande, kurzfristig Siebenbürgen, waren mit dem Auftreten des Schlesiers Martin Opitz fast zeitgleich zu literarischem Leben erwacht.[10]

Prag, Breslau, Liegnitz und Brieg, Danzig, Elbing und Thorn, Königsberg, Riga und Reval lauteten die Namen der Städte, in denen sich Dichtergemeinschaften bildeten, Freundeszirkel damit befasst waren, an dem Abenteuer der Schaffung einer neuen, nach den Mustern der Antike und der Renaissance gebildeten Literatur in deutscher Sprache mitzuwirken. Die Landschaften des alten deutschen Sprachraums des Ostens mit Schlesien an der Spitze behaupteten in diesem Prozess eine Führungsrolle.[11] Die Blüte im Westen, in der Pfalz, in Straßburg, am Oberrhein, war frühzeitig mit dem Einfall der Spanier beendet worden. Auch der Osten litt unter den konfessionellen Kriegen und doch gab es gerade im polnischen Einzugsbereich Freiräume, die die literarische Intelligenz wahrnahm.[12]

Diese neue Literatur war auf poetologische Normierung und nationale ästhetische Vorausprojektion geeicht. Zugleich war sie ein eminent regionales Ereignis, bildete sich ein nationaler literarischer Markt doch überhaupt erst im 18. Jahrhundert heraus. Der weitaus größte Teil der Titel des 17. Jahrhunderts war lokalen Gelegenheiten gewidmet, hatte nur eine kleine Auflage, zirkulierte vor Ort und wurde bestenfalls vor Ort bewahrt. Und das galt nicht nur für die ›poetae minores‹; es galt auch für die Größten. Der Name Opitzens verband sich mit Breslau, derjenige Simon Dachs mit Königsberg, derjenige Paul Flemings mit Leipzig und Reval usw. Von diesen Dichtern und ungezählten anderen wünschte man, sofern mit bibliophilen Neigungen ausgestattet, die originalen Drucke mit ihrer barocken Aura in den Händen zu halten, nicht gereinigte, verstümmelte, modernisierte Surrogate, wie es sie – wenn überhaupt – in den Ausgaben des 19. und 20. Jahrhunderts zu lesen gab. Also musste man reisen. Und das bevorzugt aus den angedeuteten Gründen in den Osten. Die Grenze zu den Ländern des Ostens verlief jedoch an Elbe, Werra und Fulda und galt als kaum überwindbar.

Das vermochte auf geschichtsbewusste Gemüter traumatisierend zu wirken – der mitteldeutsche Raum unmittelbar hinter der Grenze zwischen Gotha und Weimar war so dicht besetzt mit Höfen wie keine andere Region in Deutschland.[13] An den Höfen aber gelangten die barocken Künste zu ihrer eigentlichen Entfaltung, waren sie doch vor allem auf diese zugeschnitten. Hinter dem mitteldeutschen Raum aber tat sich ein Hof wie der Dresdner auf, Zentrum barocker Kultur und seinerseits kommunizierend mit einer städtischen Metropole wie Leipzig.[14] Dresden aber war seit Kriegsende ganz dicht an Polen herangerückt, an Oder und Neiße verlief bereits die nächste Grenze.

An der Oder lag Breslau, vom Anfang bis zum Ende des 17. Jahrhunderts Residenz von literarischen Kapazitäten ersten Ranges – sofern nicht vertrieben von der katholischen Gegenreformation und nun auf der Flucht über Lissa, Posen, Thorn, Elbing bis hinauf nach Danzig, also die Landstriche Großpolens und des Königlich Polnischen Preußens berührend.[15] Wie selbstverständlich führte den einen oder anderen Großen der Weg weiter an den Pregel nach Königsberg, eine weitere musikalische, literarische und gelehrte Hochburg.[16] Und jenseits ihrer öffneten sich die Weiten des Ostens. Nicht erst im 18. Jahrhundert, in den Tagen eines Hamann, Kant oder Herder, herrschte ein reger Austausch mit geistigen Kapitalen wie Riga, Reval oder Dorpat, sondern auch schon im 17. Jahrhundert, und das vor allem über die eben erst ins Leben getretene neue deutsche Literatur.[17] Diesen Wegen musste man folgen, wollte man ein authentisches Bild literarischen Lebens in der Frühen Neuzeit gewinnen und nicht ein solches aus zweiter oder dritter Hand.

So verknüpfte sich ein aus der frühen Jugend herrührendes Interesse an den Landstrichen und Städten jenseits der politischen Demarkationslinien mit einem wissenschaftlichen. Bevor aber davon gesprochen werden kann, ist gerade vor einem jüngeren Publikum eine weitere Erinnerung vonnöten. Das nationalsozialistische Verbrechen hat über die Städte Mitteleuropas eine Katastrophe heraufbeschworen, für die es in der bekannten Geschichte der Menschheit keine Parallele gibt. Nicht nur der Holocaust – die vorsätzliche und nicht kriegsbedingte Tötung von Millionen Menschen –, sondern auch die Auslöschung ungezählter Städte geht auf das Konto der nationalsozialistischen Barbarei. Es gibt bislang kein Buch, das uns die Folgen für die mentale Disposition der von dieser Zerstörung betroffenen Menschen schilderte – und damit sind gar nicht in erster Linie die die Zerstörung miterlebt Habenden, sondern die hier und jetzt in eben diesen Städten Lebenden gemeint.[18]

Das ist selbstverständlich ein eigenes, hier nicht zu eröffnendes Thema. Festzuhalten ist nur, dass, in wiederum ungezählten Fällen, der Vernichtung im Krieg eine zweite hernach folgte, die so gut wie alle Zeitgenossen billigend miterlebten und mitvollzogen. Wo einmal die historische Substanz unwiederbringlich versehrt war, da schien es nur folgerichtig, das zufällig Stehengebliebene auch noch zu beseitigen und einen totalen Neuanfang zu inszenieren. Haben wir unserem kleinen Beitrag also den Titel *Reisen in eine untergegangene Welt* gegeben, so konnte man eine solche auch antreten, indem man vor die eigene Haustür trat und sich auf den Weg machte.[19]

Der Untergang der städtischen Silhouetten ist insgesamt ein mitteleuropäisches Phänomen. Es reicht, die Grenzen Deutschlands im Norden, Westen und Süden zu überschreiten, um den unausdenklichen Verlust zu gewahren, den die deutschen Städte im Vergleich zu den Nachbarn ringsum erleiden mussten. Diese waren die Überfallenen und Geknebelten, aber den unvergleichlich tieferen Aderlass und nachhaltigeren kulturellen Zoll hatten die Aggressoren zu entrichten. Kein Land ist in seiner städtischen und damit seiner kulturellen Substanz so vernarbt wie Deutschland – und das für alle Zeiten.

Und so auch im Blick auf seine Bibliotheken, wie nun zu zeigen ist.[20]

NEUERE BIBLIOTHEKARISCHE BRENNPUNKTE DEUTSCHER LITERATUR DER FRÜHEN NEUZEIT IN DER SOWJETUNION

Im Folgenden soll es um Reisen in eine einzige Richtung gehen, in die des Ostens. Man war dort in den 70er und 80er Jahren so gut wie alleine unterwegs, zumindest wenn es um die Gefilde der Literatur ging. Der Raum unserer Expeditionen erstreckte sich von Gotha bis Moskau, von Leningrad bis Lemberg.[21] Der alte deutsche Sprachraum aber, in dem die uns interessierende Literatur gepflegt worden war, reichte gewiss über die Grenzen des Alten Reichs hinaus. Und doch verlief er nicht – anders als im 18. Jahrhundert – bis hinauf nach Sankt Petersburg, von Moskau oder gar Nowosibirsk ganz zu schweigen. Auch mit Minsk, gar mit Tiflis oder Erewan verband die deutsche Literatur keine hergebrachte und primäre, sondern eine junge und sekundäre Beziehung.

Nicht als eine Stätte der Produktion, und auch nicht als eine der Distribution und Rezeption, wohl aber als solche einer bibliothekarischen Beheimatung rückte das Riesenreich der Sowjetunion für den Barockforscher in den Blickpunkt. Und nicht anders verhält es sich auf der Zeitachse. Jahrhunderten des unangetasteten materialen Verweilens an angestammten Orten standen keine zwei Jahrzehnte gegenüber, in denen Umschichtungen und Umbrüche nie dagewesenen Stils stattgehabt hatten, die definitiv ein Davor von einem Danach schieden. Die räumliche Grenze mochte fallen, der Eiserne Vorhang sich öffnen, in die Tiefe der Zeit führte kein Weg zurück; die 30er und 40er Jahre des 20. Jahrhunderts markierten eine irreversible Zäsur, schieden Zeiten und Welten und an ihnen haftende Überlieferungen.[22]

REGIONALE BIBLIOTHEKARISCHE VERFASSTHEIT

Es war das Signum der auf Schrift und Druck, auf Archiv und Bibliothek gegründeten geistigen Überlieferung in Deutschland, dass sie keine zentrale Massierung und Vereinigung kannte. Gewiss, die Reichshauptstadt war zu später Stunde zu einem imponierenden Quartier insbesondere der Verwahrung von Büchern über die Preußische Staatsbibliothek und des ihr assoziierten Auskunftsbüros deutscher Bibliotheken aufgestiegen. Ein jeder Kenner aber wusste, dass ein Vielfaches in den Regionen lagerte, eine jede Sammlung lokal eingefärbt und mit ungezählten Unikaten bestückt war, die es nur an dieser einen Stelle gab. Ein British Museum, eine Bibliothèque Nationale oder eine Petersburger Nationalbibliothek, in denen die nationale Buchkultur eines Landes so gut wie lückenlos zusammenstand, gab es auf deutschem Boden nicht und konnte es aufgrund der Verfasstheit des alten Reichs und des alten deutschen Sprach- und Kulturraums nicht geben.[23]

Und deshalb bezeichnete es eine in ihren Folgen gar nicht zu ermessende Katastrophe, dass der Versuch einer zumindest virtuellen Dokumentation der verstreuten bibliothekarischen Schätze in Gestalt eines *Deutschen Gesamtkatalogs* ebenfalls der erwähnten Zäsur zum Opfer fiel, nämlich nach dem Stichwort »Bethordnung« im vierzehnten Band, der als letzter 1939 erschien, zum Erliegen kam.[24] Deutschland besaß bis in die Schreckensjahre hinein kein Organon seiner geistigen Überlieferung, sofern sie sich in Schrift und Buch spiegelte, und konnte nach dem Untergang nicht mehr hoffen, ein solches zu gewinnen, weil Bomben, Verlagerungen, Vandalismus das Ererbte dezimiert und in alle Welt verstreut hatten – zugleich aber auch kein Wille mehr erkennbar war, sich der Überbleibsel anzunehmen und dem Fragmentierten die gehörige Zuwendung angedeihen zu lassen.

Insofern führten die Reisen in eine untergegangene Welt auch im Hinblick auf die Bibliotheken keineswegs nur in eine einzige Richtung. Der Untergang hatte Hamburg oder Frankfurt, Kassel oder Karlsruhe oder fast jede beliebige andere Stadt diesseits des Eisernen Vorhangs nicht anders betroffen als die vielen kulturellen Zentren jenseits dessen.[25] Und doch gab es Unterschiede, die es berechtigt erscheinen lassen, Mittel- und Osteuropa gerade aus deutscher Perspektive gesondert in den Blick zu nehmen.

ERFAHRUNGEN IN DER DDR

Auf eine denkwürdige und bislang kaum je gewürdigte Weise ist das Bibliothekswesen Mittel- und Ostdeutschlands insgesamt zwischen 1939 und 1945 weniger versehrt worden als diesseits der bis 1990 verlaufenden Demarkationslinie. Das kann hier nicht gezeigt werden. Gleichwohl – die Richtigkeit der These einmal vorausgesetzt – lagen die Dinge a priori anders als im Westen. Auf unserer ersten großen Erkundungsreise im Herbst 1979, anhebend auf dem Boden der DDR in Gotha und nicht endend in Dresden, weil daselbst am Bahnhof Dresden-Neustadt mit Beklommenheit und voller Neugierde der Zug in das nahe und zugleich unendlich ferne Breslau, Wrocław auf nunmehr polnischem Boden, bestiegen wurde, machte das Ungewöhnliche sich sogleich bemerkbar.[26] Die uns entgegentretenden Bibliothekarinnen und Bibliothekare in der DDR nahmen den Gast aus dem Westen mit größter Zuvorkommenheit auf; es bildeten sich vielfach von Vertrauen getragene Beziehungen heraus.

Und doch wurden immer wieder Grenzen erfahrbar – der Politik, nicht den Personen geschuldet. Da war – wie im Falle Gothas – eine ganze Bibliothek mit hunderttausenden von Bänden 1946 in die Sowjetunion abtransportiert worden, freilich zehn Jahre später weitgehend komplett wieder zurückgekehrt.[27] Nur die brüderlich großherzige Geste durfte thematisiert werden, nicht das Verbrechen der zeitweiligen Beraubung. Da waren Legionen von alten Schloss- und Adelsbibliotheken in der DDR mit vielfach klangvollem Namen vom Erdboden verschwunden, in zentrale Universitätsbibliotheken wie Halle oder Jena überführt oder eben nach Russland verschleppt worden.[28] Nachfragen und Suchaktionen aber endeten im Vagen und Unbestimmten und mehr als einmal war unklar, ob die Bücher überhaupt noch zugänglich waren. Und dann das Abenteuer Dresden: Nie werde ich vergessen, wie eine Bibliothekarin ihr Leben in meine Hand gab, indem sie mir gestand, was strikt verboten war zu erwähnen, dass nämlich der Herzbestand der altehrwürdigen Sächsischen Landesbibliothek in Moskau lagerte. Man wusste es im Hause, aber das Skandalon war unter den Mantel des Schweigens gehüllt.[29]

Schließlich die Situation in der Deutschen Staatsbibliothek zu Berlin Unter den Linden selbst, die schon in den 60er Jahren immer wieder mit Passierschein für einen Tag besucht wurde: Die Auslagerungsorte wurden wiederum in einem Akt großherzigen Vertrauens benannt.[30] Aber dass sich ein Großteil der Schätze im Nachbarland Polen, nämlich in Krakau, und ein anderer bei dem großen Bruder in Moskau befand und so wenig wie der Dresdner zurückgekehrt war, wurde unter der Abnahme des Versprechens absoluten Schweigens, wenn niemand sonst im Raume war, offenbart. Die Verwerfungen schrien zum Himmel. Ein auf Verwahrung und Pflege von Handschriften und Büchern geeichter Personenkreis war einer normierten Sprachregelung unterworfen, der um den Preis der beruflichen Existenz dem Gast gegenüber unterlaufen wurde. Ein das beste im Dienst der ihm anvertrauten Schätze gebender Berufsstand war gehalten, mit gespaltenem Bewusstsein zu leben und zu agieren. Die Politik machte neuerlich vor keinem Bereich Halt, war auch in den Stätten, die der im Buch sedimentierten geistigen Überlieferung galten, omnipräsent. Das waren die deutschen Besonderheiten, wie sie angedeutet sein wollten. Eine doppelte Zäsur war erfahrbar, eine erste aus der Kriegszeit herrührende, und eine von einem Parteiapparat erzwungene zweite, die die Menschen dem Gast aus dem Westen gegenüber in unvergesslichem Mut immer wieder unterliefen. Dann folgte der Übergang nach Polen, dem sich fünf Jahre später, 1984, die erste Reise in die Sowjetunion anschloss, der weitere folgten.[31] Sie führten nicht nur nach Russland – Moskau und Leningrad – nicht nur nach Weißrussland – Minsk – oder in die Ukraine – Lemberg/L'viv –, sondern auch in den alten deutschen Sprachraum der baltischen Lande – Estland, Lettland und Litauen –, bevor ganz am Schluss zu Beginn der 90er Jahre auch Königsberg erstmals wieder zugänglich wurde.[32]

POLNISCHE BAROCKHOCHBURG BRESLAU/ WROCŁAW

Die erste Station 1979 in Polen war Breslau. Die Stadt war genau wie Elbing oder Danzig oder Königsberg mit dem Schnellzug bis in die Kriegsjahre hinein in wenigen Stunden für jedermann erreichbar gewesen. Nun war man privilegiert, sie zu betreten, weil ein renommierter Kollege vor Ort namens Marian Szyrocki für den Gast gebürgt hatte und am Bahnhof bereitstand, die Wege zu ebnen – eine Ausnahmesituation.[33] Der allererste Weg aber, darum bat ich mit allem Nachdruck, führte über den schon damals eindrucksvoll wiedererstandenen Ring mit Rathaus und Elisabethkirche zum ehemaligen Roßmarkt, jetzt ›plac Szaynochy‹. Dort lag das Gebäude der alten Breslauer Stadtbibliothek. Es hatte das Inferno der 1944 zur Festung erklärten und damit dem Tode geweihten Stadt unbegreiflicherweise überlebt. Es gab keinen Ort auf der Welt, an dem man die Ursprünge der neuen, von Schlesien ausgehenden Kunstdichtung besser studieren konnte als in der Breslauer Stadtbibliothek. Sie war de facto eine schlesische Landesbibliothek. Würde sie ausgelöscht, verlöre nicht nur eine Stadt, sondern ein ganzes Land sein bibliothekarisches Herz und seine literarische Erinnerung.[34]

Breslau blieb von diesem Schicksal verschont. Einem Wunder gleich, sind die alten Bücher in der umkämpften Stadt weitgehend unversehrt geblieben, während die ausgelagerten Handschriften schweren Schaden genommen haben. Erhaltene Handschriften und alte Bücher waren nach Inbesitznahme durch die Polen nicht in das angestammte Haus am Roßmarkt zurückgekehrt bzw. nicht dort verblieben, sondern in das ehemalige Gebäude der Breslauer Universitätsbibliothek auf der Sandinsel überführt worden. Diese war kurz vor Kriegsende vom deutschen Militär zum Munitionslager umfunktioniert worden. Die Bücher mussten Hals über Kopf in die gegenüberliegende Annenkirche gebracht werden und sind dort noch nach Kriegsende verbrannt. Im Gegensatz zur Stadtbibliothek hatte die Universitätsbibliothek herbe Verluste zu beklagen.[35]

Jetzt war das wiederaufgebaute Gebäude ein Hort aller nicht nur aus der Stadt, sondern dem ganzen Land stammenden Handschriften und alten Bücher bis zum Stichjahr 1800 geworden. Die Polen hatten ein schlechterdings vorbildliches Rekonstruktionswerk vollbracht, das man nicht genug rühmen kann. Ein vergleichsweise ähnlich glückliches Geschick war unter den großen alten deutschen Bibliotheken im jetzigen Polen auf andere Weise nur Danzig beschieden. Das alte Gebäude der berühmten Stadtbibliothek, noch in die Erzählungen von Günter Grass hineinspielend, war gleichfalls stehen geblieben und nun nach Rückkehr von Handschriften und Büchern wieder mit Leben erfüllt worden.[36]

KOMMUNALE UND BIBLIOTHEKARISCHE ENGFÜHRUNG

Über Breslau wie über Danzig und jede andere noch zu berührende Bibliothek wäre jeweils leicht ein eigener Vortrag zu halten. Wir müssen jedoch genügend Abstand nehmen, da eine womöglich gewagte, aber doch reizvolle Engführung versucht werden soll. Der erste Aufenthalt in Breslau währte 14 Tage, eine knappe Woche derjenige in Danzig. Staunend gewahrte der Besucher die Wiedergewinnung städtischer Silhouetten und Ensembles in beiden Städten. Ganz anders als im westlichen Deutschland war man bestrebt, alte Bilder, urbane Substanz, Zeugen der Vergangenheit wieder erstehen zu lassen. Bis in die jüngste Zeit hinein wurden deutsche Städte dort parzellenweise phantasievoller und einfühlsamer rekonstruiert als dies in aller Regel auf deutschem Boden selbst geschah – eine ungemein eindrückliche Erfahrung.

Exakt diesen restaurativen Willen gewahrte nun auch der Bibliotheksbesucher. Man hätte die in

alle Winde zerstobenen und nun in Breslau aus ganz Schlesien zusammenströmenden Bücher nicht klüger scheiden und zugleich unter Wahrung der noch erkennbaren alten Ordnungsmuster ineinanderfügen können als dies auf der Sandinsel im alten Breslau und jetzigen Wrocław geschah. Wo im Westen allerorten überkommene urbane und bibliothekarische Strukturen nicht länger geschont, sondern Neuanfänge riskiert wurden, über deren Problematiken inzwischen hinlängliche Klarheit besteht, war Behutsamkeit und Respekt vor dem Gewachsenen in Polen allenthalben eine wahrnehmbare Maxime.
Doch nun zur Kehrseite: Gleich während der ersten Gänge durch die beiden Städte fiel das Nebeneinander eindrucksvoll rekonstruierter Quartiere und liebloser, unansehnlicher Wohnblocks und Straßenzüge ins Auge, die letzteren Wohnungsmangel und Geldnot geschuldet. Es war nicht möglich gewesen, das alte Stadtbild auch nur in der Innenstadt zur Gänze zurückzugewinnen, die Rekonstruktion musste sich auf ausgewählte und besonders geschichtsträchtige Zonen konzentrieren und beschränken. Die Stadt, der städtische Organismus blieb ein versehrter. Ein Blick auf Postkarten und Gedenkbü-

cher zeigte sogleich, dass auch das alte Breslau und das alte Danzig bis 1944 anders ausgesehen hatten als die mit so viel Liebe wiederhergerichteten beiden Städte nach der Katastrophe.[37]

VERSEHRTE KULTURELLE ORGANISMEN – BEISPIEL BRESLAU

Und genau diese Erfahrung wiederholte sich in den Bibliotheken auf andere Weise und wurde erst nach vielen Besuchen und Erkundungen in ihrer ganzen Tragweite sichtbar. Bleiben wir bei Breslau. Da konnte es passieren, dass man zu Personen und Geschlechtern Texte suchte, von denen man wusste, dass sie in der Bibliothek in der mächtigen genealogischen Abteilung gestanden hatten. Sie waren nicht mehr da. Vielfach waren Bücher von den deutschen Soldaten für ein wärmendes Feuer benutzt worden, Katalogkästen herausgerissen, die unersetzlichen Katalogkarten verfeuert und verstreut worden. Und als der Gast später dann auch in die Handschriftenabteilung gelangte, hatte das Erschrecken kein Ende.

Breslau besaß eine der kostbarsten Handschriftensammlungen im alten Deutschland.[38] Die unersetzlichen Zimelien waren durchweg ausgelagert. Einer der letzten Verantwortlichen,

Alfred Rüffler, hat darüber sehr viel später berichtet.[39] Jahrhundertelang waren die Kleinode in den Mauern der Stadt gehütet worden. Nun verließen sie die schützenden Gewahrsame und in tiefer Beklommenheit, erfüllt von bösen Ahnungen, folgte den aufs Land, ins Gebirge aufbrechenden Lastwagen ein trauriger Blick. Die Verluste waren furchtbar. Der Handschriftenbestand Breslaus, berühmt in der gesamten paläographisch bewanderten Welt, war um ein Drittel geschrumpft, ohne dass bis heute auch nur einigermaßen verlässliche Zahlen oder gar Dokumentationen vorlägen. Keineswegs waren nur Spitzenstücke betroffen. Vielmehr verliefen die Einbußen mitten durch mehrbändige geschlossene Einheiten, die damit um ihren substantiellen Gehalt gebracht wurden. Würde ich nur die Verluste der Handschriften barocker Dichter aufzählen, die Augen der Kenner würden sich mit Tränen füllen.[40]

Vergleichbares ließe sich für Danzig zeigen.[41] Warum aber diese Erinnerung? Um an einem Beispiel zu demonstrieren, dass – wie im Stadtbild so auch in den bibliophilen Memorialstätten – in dem wiedererstandenen Breslau oder Danzig unter der Oberfläche Risse erkennbar werden,

Verwerfungen zu registrieren sind, denen es eigen ist, eine neue, eine in diesem Ausmaß einzigartige geschichtliche Dimension zu besitzen, deren womöglich verblüffendste Eigenart darin zu suchen ist, dass sie von den kulturellen und gelehrten Eliten so gut wie nicht wahrgenommen worden ist und kaum je Impulse freigesetzt hat, sich dem Unheil forschend, dokumentierend, darstellend zu nähern.

Wir bleiben nur bei den Bibliotheken und verzichten darauf, die Analogien im städtischen Baukörper jeweils wieder mit ins Auge zu fassen. Auch in einer nach der Katastrophe vorbildlich wiedererrichteten Bibliothek, wie der jetzigen Breslauer Universitätsbibliothek als zentraler bibliothekarischer Stätte für die handschriftliche und gedruckte Überlieferung Schlesiens, tun sich unversehens links und rechts Abgründe auf, werden Wunden sichtbar, deren Wesen es ist, nicht heilen, nicht einmal vernarben zu können, weil das archivalische, das bibliothekarische, das textuelle Gewebe an diesen Stellen irreversibel beschädigt ist. Es existiert kein Führer, kein Wegweiser, der vor Betreten dieser Regionen warnen würde. Unvermittelt teilt sich der Schock an der unvermutetsten Stelle mit.

Eine solche Erfahrung hat es vor dem Einbruch der Barbarei in dieser Form nicht gegeben. Dass gewünschte Bücher oder Handschriften nicht vorhanden oder dass einzelne Stücke entwendet, verkauft oder makuliert worden waren, kam selbstverständlich vor und gab Anlass zu vielerlei Klagen. Aber dass ein bis in die jüngste Vergangenheit einer Bürgerschaft, einem interessierten Publikum wie selbstverständlich verfügbarer Schatz mit heimtückischen Malen versehen war, das konnte nur zurückverweisen auf Eingriffe in seine überlieferte Substanz, die sich jeder Kontrolle, jeder Planung, jeder geordneten Überwachung und Schutzmaßnahme für eine Weile, und sei sie noch so knapp befristet gewesen, entzogen hatten.

Der verschwenderische bibliophile Reichtum, wie er sich dem Reisenden darbot, war versehen mit Blößen, die nur gewaltsamen Eingriffen geschuldet sein konnten, wie sie, da über ganz verschiedene Zonen sich erstreckend, in der mit Humanismus und Reformation einsetzenden Bestandsgeschichte keine Parallele besaßen. Ein dem alten Deutschland, dem alten Europa zugehöriges Schatzhaus des Geistes war keineswegs untergegangen wie ungezählte andere

Bibliotheken im Westen oder Osten, wohl aber gezeichnet von einer nie dagewesenen Katastrophe, die für alle Zeiten ein Vorher von einem Nachher schied.

EIN BLICK AUF ELBING UND STETTIN MIT EINEM AUSBLICK AUF THORN UND WARSCHAU

Wie aber sah es andernorts aus, wo nicht wie in Breslau oder Danzig ein vergleichsweise glückliches Geschick gewaltet hatte? Verweilen wir noch einen Moment in Polen, so soll knapp von Elbing und sodann von Stettin berichtet werden. In Elbing betraten wir 1979 – aus dem herrlichen, unversehrten Thorn kommend – eine Stadt, die nicht mehr existierte: Die Kirche im Stadtzentrum erhob sich inmitten eines kahlen verwaisten Platzes, die einst berühmte, wiederum in den Humanismus zurückführende städtische Bibliothek stand nicht mehr am Platz. Sie war, sofern erhalten, nach Thorn gebracht worden, um dort zum Aufbau einer erst nach 1945 ins Leben gerufenen Universität nebst Bibliothek beizutragen.[42]

Eine Stadt hatte ihre Silhouette und ihre Memorialstätte verloren und kein Wille oder keine Mittel waren vorhanden gewesen, ihr jenen rekonstruktiven Impetus zuteil werden zu lassen, der Breslau oder Danzig zugutegekommen war. Die alte geschichtlich über Jahrhunderte intakte Trias des Preußen Königlich Polnischen Anteils, Danzig, Elbing, Thorn, hatte ihr vermittelndes Glied verloren, ein geschichtsträchtiger Raum war um ein für geschichtliche Anschauung unverzichtbares Element gebracht. Wer in West und Ost wusste von dieser Katastrophe? Wir haben in Thorn über die Jahre geduldig die Elbinger Bücher wieder herausgesucht, freuen uns, dass die alten Bücher inzwischen zu einem großen Teil nach Elbing zurückgekehrt sind und auf einem zweibändigen Osnabrücker Katalog erstmals seit dem Krieg wieder der Name Elbings prangen konnte.[43]

Die letzte Station vor gut 30 Jahren, während eines unvergesslichen polnischen Spätherbstes, bildete Stettin, die Hauptstadt des alten Pommern. Knapp bemessen war die Zeit. Doch sogleich war zweierlei erkennbar. Auch Stettin lag im Wiederaufbau weit abgeschlagen hinter Breslau oder Danzig zurück. Und in der Bibliothek, vor dem Krieg als eine der großen deutschen Stadtbibliotheken firmierend, in die die phantastischen Bestände des alten Stettiner Marienstift-

Gymnasiums ebenso eingegangen waren wie solche aus den Kirchen Stettins und zu Teilen solche der Pommerschen Herzöge, herrschte ein unentwirrbares Knäuel heterogener bibliothekarischer Überlieferungen, die nirgendwo Konsistenz und innere Ordnung erkennen ließen. Erst viel später löste sich das Rätsel.[44]

In Polen war man davon ausgegangen, dass Stettin womöglich nach Deutschland zurückkehren würde. Also waren die geretteten wertvollen historischen Teile der Stadtbibliothek vielfach abtransportiert worden. Zwei Bibliotheken profitierten von dieser Maßnahme: die schon erwähnte junge Thorner Universitätsbibliothek, die besonders reich an alten Pomeranika ist, und die Nationalbibliothek in Warschau. Sie hat aus allen alten deutschen Bibliotheken, die nun auf polnischem Boden lagen, wertvolles historisches Buchgut erhalten und konnte überhaupt nur auf diesem Weg wieder zu einer bedeutenden historischen Bibliothek geformt werden.[45]

WARSCHAUER INTERMEZZO

Dem deutschen Gast, ob als Besucher, Benutzer oder Bibliothekshistoriker steht keinerlei Urteil über diesen Vorgang zu. Er wird den Anblick einer großen Bildtafel im Warschauer Krasinsky-Palais, in dem die Altdrucke verwahrt wurden, niemals vergessen. Da prangten reihenweise herrlich anzuschauende, silbern gefärbte Buchrücken, die auf eine distinguierte Bibliothek schließen ließen. Woher mochte sie rühren, was mochte sie enthalten, wie war sie zugänglich? Nun: Ihr Wesen bestand darin, dass man sie nicht berühren, keinen Band aus der Reihe entnehmen durfte, er wäre im gleichen Moment in Staub und Asche zerfallen. Es waren die Bücher, die 1944 von der deutschen Soldateska nach dem niedergeschlagenen Polnischen Aufstand zusammen mit den Handschriften in Brand gesteckt worden waren, um die stolze Bibliothek des widerspenstigen renitenten Volkes für alle Zeiten auszulöschen.[46]

Konfrontiert mit derlei Erbschaften betrat der deutsche Bibliotheksreisende das Haus. Welch ein Gewoge von Gefühlen mochte die Herzen der polnischen Bibliothekarinnen und Bibliothekare erfüllen? Und was mochte Anteil haben an der unauslöschlichen Erfahrung, dass sich ein, je längerer desto intensiverer, Faden des Gesprächs entspann, der über die Jahre hinweg nicht abriss, so dass sich der Gast bei Wiederkehr als ein willkommener und gern gesehener betrachten durfte? Schmerz und Scham verbanden sich über den Abgrund hinweg – auf eine überall im Osten so oder so wiederbestehende Weise – mit freundschaftlich geknüpften Banden, die Beglückung und Befreiung von der geschichtlichen Last auf den Schultern im Gefolge hatten.

Doch zurück nach Stettin. Dort traf der Reisende viel später auf einen Direktor, der in Trauer, gepaart mit einer gehörigen Portion Empörung, auf seine geschundene, zerfledderte Bibliothek blickte, die Rückführung der nach Stettin gehörenden alten Bücher fest im Blick.[47] Derartiges kann ein Gast aus Deutschland nur schweigend vernehmen, kein Wort und kein Urteil steht ihm zu. Auch Polen wird im eigenen Land längerfristig eine Diskussion um Restitution nicht erspart bleiben und keinesfalls nur Stettin vermöchte Ansprüche zu artikulieren.

Wir aber haben neuerlich zu konstatieren, dass Krieg und Nachkriegszeit im Blick auf Archive und Bibliotheken in Pommern eine Zäsur bewirkt haben, für die es keinen historischen Vergleich gibt. Pommern war auch bibliothekarisch bipolar strukturiert. In der Residenzstadt Stettin sammelten sich die herzoglichen Bestände, in der unweit gelegenen Universitätsstadt Greifswald formte sich das gelehrte Zentrum des Landes, das in der alten Universitätsbibliothek sein bibliophiles Herz besaß. Dazu traten die großartigen Gymnasialbibliotheken, keineswegs nur jene, wie erwähnt, in Stettin, sondern ebenso jene in Stolp, in Stargard, in Koeslin, von den kirchlichen Bibliotheken im Lande gar nicht zu reden.[48]

Diese gelehrte bibliothekarische Infrastruktur besteht nicht mehr. Stettin ist zerschlagen, auch Greifswald hat viel schwerer als bislang bekannt gelitten und das aus Gymnasien und Kirchen herrührende Gut muss man heute, sofern überhaupt erhalten, jenseits der alten pommerschen Landesgrenzen eben vor allem in Thorn und Warschau suchen, wo es neue und geschichtlich nicht unterfangene Bindungen eingegangen ist. Wo Schlesien in Breslau ungeachtet aller Verluste ein altes und zugleich neues bibliothekarisches Zentrum erhielt, Westpreußen mit Danzig, Elbing und Thorn seine bibliothekarisch-archivalische Physiognomie sukzessive zurückgewinnt, existiert ein solcher memorialer Brennspiegel im zerschlagenen Pommern nicht mehr.[49] Was mag das bedeuten für ein Land und seine Menschen, sofern sie Rückschau halten, sich ihrer Herkunft, ihrer geschichtlichen Wurzeln versichern möchten oder aber als Neusiedler über die geschichtliche Beschaffenheit des Bodens, auf den es sie verschlagen hat, nähere Erkundungen einzuziehen wünschen?

GESCHICHTSLOSES KÖNIGSBERG/ KALININGRAD

Doch was besagen diese Feststellungen und Fragen im Blick auf das alte Ostpreußen und seine Hauptstadt und einstige geistige Metropole Königsberg? Als Enklave ragt das nördliche Ostpreußen mit seiner Königskrönungsstadt in den preußisch-baltischen Geschichtsraum, abgetrennt von dem neuen Staatsverband Russland und bis in die frühen 90er Jahre als militärische Festungsbastion unbetretbar für den westlichen Besucher. In dem einstigen herzoglichen Land, das dem zum Reich gehörigen Preußen den Königstitel verschaffte, der zu später Stunde zum Kaisertitel des Zweiten Reichs mutierte, das schon nach dem Versailler Frieden mit der Abtrennung des Memelgebiets und der Separierung Danzigs in eine Randlage geriet, erfüllte sich das von Hitler heraufgeführte Verbrechen wie in keinem anderen Landstrich sonst und innerhalb seiner in keiner Stadt mehr als im alten Königsberg.[50]

Die Stadt, bis zum Sommer 1944 genau wie Danzig und Breslau wohlerhalten, wurde ausradiert, nachdem die letzten vielfach bereits versehrten Bauzeugen abgetragen worden waren, und der geschichtsträchtige Boden zu einer kahlen, von Gras überwachsenen, geschichts- und gesichtslosen Niemandslandschaft degradiert. Der totale Krieg, unter Beifallsstürmen proklamiert, jahrhundertealte Strukturen zerstörend, hat sein Emblem in dem von der geschichtlichen Landkarte verschwundenen Königsberg gefunden, das da unvermittelt von einer Diktatur in die nächste hinüberglitt.[51] Es war so reich an Bibliotheken, Archiven und Museen wie alte deutsche Städte. Mit Danzig und Breslau formte sie das intellektuelle und das memoriale Antlitz des östlichen Deutschlands, das hier doch zugleich tief hineinragte in die baltischen Lande, nach Riga und Dorpat ebenso wie nach Kaunas und Vilnius und in seinen besten Tagen über Reval und Narva bis hinauf in die alte russische Hauptstadt Sankt Petersburg.

Nicht nur unbetretbar, sondern auch ausgeblutet im Blick auf Existenz und Verbleib seiner geschichtlichen Habe und Überlieferung, bot es sich über Jahrzehnte hin dar. Seine Schlossbibliothek, seine Universitätsbibliothek, seine Stadtbibliothek, sein Stadtarchiv, seine Gemäldegalerie, sein Prussia-Museum – wo waren sie geblieben, was befand sich noch vor Ort, was war wohin verschleppt worden, was war definitiv vernichtet? Niemand war da, der Antwort hätte geben können. So galt es, einen Gutteil des wissenschaftlichen Lebens mit der Sicherung von Spuren, der Fahndung nach alten Königsberger Büchern in Polen, in Litauen und in dem Riesenreich der Sowjetunion zu verbringen, ohne Vorsatz, ohne Auftrag, angetrieben offenkundig allein von einem nicht erklärbarem Bedürfnis, Wunden zu heilen, Zersprengtes wieder zusammenzuführen, den geschichtlichen Faden nicht gänzlich abreißen zu lassen.[52]

Heute muss man nach Thorn und Warschau, nach Vilnius und Sankt Petersburg, nach Moskau und im Einzelfall nach Nowosibirsk oder Erewan reisen, um aus Königsberg stammender Handschriften und alter Bücher wieder ansichtig zu werden.[53] Wir sind dabei, diese Funde, auf Reisen in den letzten Jahrzehnten ermittelt, zu dokumentieren und der Öffentlichkeit bekannt zu geben. Da mag es sein, dass eines Tages vielleicht die geschriebenen Bücher weniger zählen als die Kataloge, Filme und Reiseberichte, die vor allem immer wieder Königsberg galten. Davon kann hier nicht mehr gesprochen werden, denn unsere Zeit geht zu Ende.

Königsberg bildete spätestens seit den Tagen der Reformation das Tor in das Baltikum. Von hier und natürlich von Danzig aus gelangte die Literatur des jungen neuen Glaubens in den hohen Nordosten, bevor die Druckereien vor Ort in Riga, in Reval oder in Dorpat ihre Arbeit aufnahmen. Im katholischen Litauen konnte das dem Herzogtum benachbarte Klein- oder Preußisch-Litauen nur über den Stützpunkt Königsberg für den Protestantismus gewonnen und erhalten werden. Nicht auf die alten katholischen akademischen Hochburgen Vilnius oder Krakau, sondern auf die Albertina in Königsberg richtete sich der Blick der Intelligenz der bis zum Beginn des 19. Jahrhunderts nur kurz mit einer Universität ausgestatteten Länder Estland, Livland und Kurland. Umgekehrt stieg vor allem Riga im 18. Jahrhundert zu einer geistigen und verlegerischen Metropole auf und bildete ein Bindeglied zwischen der preußischen Krönungsstadt und der jungen strahlenden russischen Kapitale

Sankt Petersburg, die da formell seit 1710 auch als Hauptstadt der baltischen Ostseeprovinzen Russlands fungierte.[54]

Dieses geistige Leben war ein von Deutschen geprägtes, und das bis tief in das 19. Jahrhundert hinein, ohne wesentliche Konflikte mit der russischen Oberhoheit oder den Einheimischen, den ›Undeutschen‹, wie sie unverächtlich hießen. Zu den über Jahrhunderte sich erstreckenden Akten der Akkulturation gehörte der Aufbau eines feinmaschigen Archiv- und Bibliothekswesens durch die Deutschen. Die gelehrten Vereine in Riga und Mitau, in Reval und Dorpat, ja noch in Narva, nah an der russischen Grenze, verfügten über altertumskundliche Sammlungen von staunenswertem Reichtum. Die Kirchen und Gymnasien waren mit funktionstüchtigen Archiven ausgestattet. In Riga selbst war seit den Tagen der Reformation eine einzigartige Stadtbibliothek emporgewachsen. Dorpat erhielt zu später Stunde mit seiner Universität eine großartige Universitätsbibliothek.[55]

Der Druck auf diese deutschen Schöpfungen nahm seit der zweiten Hälfte des 19. Jahrhunderts zunächst von Russland aus stetig zu. Er verschärfte sich nochmals mit der Unabhängigkeit Estlands und Lettlands nach dem Ersten Weltkrieg, als die jungen Staaten sich zuallererst ihres kulturellen Erbes versichern wollten. Die Katastrophe aber ereignete sich, als sich Hitler und Stalin im Moskauer Geheimabkommen von 1939 auf ihre gegenseitigen Einflusssphären im Osten verständigten. In dessen Gefolge setzte noch vor Ausbruch des Krieges der Exodus der Baltendeutschen, die sogenannte ›Heimkehr ins Reich‹, ein – war das Baltikum doch natürliches Aufmarsch- und Durchzugsgebiet im von langer Hand geplanten Krieg gegen die Sowjetunion. Die 700-jährige Geschichte der Deutschen auf baltischem Boden war mit einem Schlag beendet.[56]

Wie in Breslau und an den Piastenhöfen, wie in Danzig, Elbing und Thorn, wie in den pommerschen Landen und in Königsberg war auch in Riga und Reval, später in Mitau, am Rande auch in Dorpat, eine deutsche Literatur gepflegt und in den Bibliotheken gesammelt worden.[57] Sie war ein selbstverständlicher Bestandteil der Geistigkeit des alten deutschen Sprachraums im Osten. Bis zum Krieg reiste man per Schiff oder auf dem Landweg über Königsberg in den hohen Nordosten. Jetzt in den 80er Jahren, als ich vermutlich als erster Westdeutscher dorthin aufbrach, musste man sich die Aufenthaltsgenehmigung und das Ticket im Büro der Russischen Akademie der Wissenschaften in Moskau erwirken und reiste über Sankt Petersburg zunächst nach Estland und sodann weiter nach Lettland und Litauen, von wo aus es dann das eine oder andere Mal in das nahegelegene Weißrussland – mit Minsk als Hauptstadt – weitergehen mochte und wiederum von dort in die Ukraine in das alte, gut erhaltene Lemberg, immer noch zeugend von der Splendidität der Österreich-Ungarischen Doppelmonarchie.

Noch einmal galt es, das Puzzlespiel wieder aufzunehmen, vereinzelte und versprengte Mosaikteilchen in die Hand zu bekommen und nach Rückgewinnung zumindest nach einem Bild des Zersplitterten und Fragmentierten zu trachten. Die alte Stadtbibliothek Rigas war gleich bei dem Übertritt der Deutschen über die Düna im Juni 1941 zerstört worden. Die mächtige Bibliothek der Gesellschaft für Geschichte und Altertumskunde der Ostseeprovinzen Russlands, im Rigaer Dommuseum verwahrt, war zerstoben, das von Johann Friedrich von der Recke aufgebaute Kurländische Provinzialmuseum in Mitau mit seiner reichen Bibliothek vom Erdboden verschwunden etc. War schon die von Hitler verordnete Rückführung der Baltendeutschen ein politisch unwiderruflicher Akt, so galt es nach dem Ende der Schreckensherrschaft doch um so dringlicher, deren geistiges Erbe nicht nur in den historischen Vereinen in ihrer neuen Heimat, sondern auch in dem Land ihrer Väter nach Maßgabe des Möglichen für die geschichtliche Erinnerung wiederzugewinnen.

Ein umfangreiches Buch gibt Rechenschaft darüber, was auf vielen unvergesslichen Reisen und mit Hilfe großartiger Menschen vor Ort, ansonsten aber nur mit den schwachen Kräften eines Einzelnen ausgestattet, an Splittern der einstigen reichen Überlieferung wieder aufgetan und zu einem hege- und pflegebedürftigen Fragment zusammengefügt werden konnte.[58]

Der baltischen, der deutschen, letztlich der europäischen Kulturwissenschaft harrt auch auf diesem Felde eine ebenso große wie unabweisliche, weil verpflichtende Aufgabe.

BIBLIOTHEKEN ALS RÄUME DER ERINNERUNG

Enden wir hier vorläufig und kommen zum Schluss! So viel war die Rede von den alten Städten, den alten Territorien, dem alten Deutschland und dem alten Europa des Ostens der Vorkriegszeit. Natürlich wissen wir, dass es, wenn auch nicht unstatthafte, so doch allemal erkundungs- und explikationsbedürftige Begriffe sind, die gerade nicht zu falscher Verklärung einladen sollen. Und doch: Am Ende eines Katastrophen-Jahrhunderts und am Beginn eines neuen Jahrtausends, da sich soeben globale Verwerfungen wiederum nie dagewesenen Charakters und Ausmaßes auftun, gibt sich das kurzlebige 1000-jährige Reich als das zu erkennen, als was es ein zu Zeitzeugenschaft wahrlich kaum berufener Autor wie Werner Bergengruen erkannte: Es erzwang einen Bruch nicht nur mit der Zivilisation, sondern eben mit der gesamten vorangegangenen Geschichte und ein wie auch immer im Einzelnen aussehendes Altes versank, um niemals wiederzukehren.

Am Bild unserer Städte wurde dieser Bruch am sinnfälligsten. Das Verbrechen hatte die rächende Nemesis heraufbeschworen und die traf die Menschen wie auch die Stätten ihrer Zivilisation katastrophal. Wenn wir uns indes den Bibliotheken zuwandten und am Rande ihre Geschwister, Archive und Museen, streiften, so deshalb, weil sie eine Sonderstellung einnehmen. Städte haben teil am Leben und damit am Wandel. Bibliotheken und ihre Verwandten wandeln sich nur, indem sie wachsen. Aber dieses Wachstum vollzieht sich zu dem einen Zweck, die im Wandel begriffenen Menschen einhalten zu lassen, Rückschau zu gewähren, Selbstvergewisserung zu ermöglichen. Sie sind die Zeugen und zugleich die Widersacher der Zeit. Zeit verwandelt sich in ihnen in Räume der Erinnerung. Als solche sind sie lebensnotwendig. So wenig wie einzelne Personen vermögen Gruppen oder Völker zu existieren, ohne sich zurückzuwenden oder zu reflektieren. Dieser ermöglichende Grund aber ist in den Jahren der Schreckensherrschaft in einer nie vorher dagewesenen Weise den Menschen entzogen worden. Eine überlieferungsgeschichtliche Krise bislang unbekannten Ausmaßes hatte statt.

Was passiert mit Menschen, die diese Erfahrung erleiden mussten und weiterhin erleiden müssen? Wie reagieren Völker, deren kulturelle und insbesondere bibliothekarische Substanz versehrt oder gar ausgezehrt ist? Welchen Status hat die Hauptstadt eines Landes, in der man zwar wie in Paris, London oder Sankt Petersburg ein imponierendes Bibliotheksgebäude im Herzen der Stadt betritt, sich jedoch unversehens Abgründe auftun, Realkataloge und anderweitige Auskunftsinstrumente für einst geschlossene und vorbildlich dokumentierte Bestandseinheiten seit 1945 große Lücken aufweisen, ›Verlust‹, ›Verschollen‹, ›Verlagert‹ den Einträgen hinzugefügt sind.[59] Darf sich die zweitgrößte Stadt im Land je wieder mit dem Titel nicht nur einer kaufmännischen, sondern auch einer kulturellen Metropole schmücken, deren Hamburgensien-Sammlung, mit tausenden oder gar zehntausenden unikater Kleinschriften zu allen einschlägigen kulturellen Institutionen vor Ort, in einer Nacht verbrannte und nie wieder ersetzt werden kann?[60] Was bleibt von einem Zentrum höfischer Kultur, als welches Dresden unzweifelhaft spätestens seit dem 18. Jahrhundert galt, wenn die einst strahlende Hofbibliothek über die überwiegende Zahl ihrer Altdrucke nicht mehr selbst verfügt, sondern – bestenfalls – auf Moskau verweisen muss, wenn es um konkrete Auskünfte und Bestellwünsche geht?[61]

Und so stellt es sich in dutzenden anderen und gleichfalls prominenten Fällen dar. Verfügen wir aber über gediegene Studien, die den mentalitätsprägenden Spätfolgen nachgingen? Und könnte es gar sein, dass Umfragen, Erhebungen und Statistiken zu dem Resultat gelangten, eine überwiegende Anzahl befragter Mitbürger befände sich in Unkenntnis über das hier zur Rede Stehende, hätte also noch nie einen Mangel und ein daraus resultierendes Unbehagen verspürt, von traumatischen Erfahrungen gar nicht zu reden? Nicht die Unfähigkeit zu trauern, wäre alsdann mit den Mitscherlichs zu diagnostizieren, sondern Grundlosigkeit, die aus Unkenntnis resultiert. Im grandiosen Aufbauwerk der Nachkriegsjahre wären dann einige Posten, die man bis dato für den geistigen, seelischen, sittlichen Haushalt einer Nation als unverzichtbar hielt, schlicht unter die Räder geraten.

Dann aber wäre der Schmerz ein doppelter und als solcher ein perennierender, beträfe nicht nur das Geschehene selbst, sondern fortzeugend das stets noch Geschehende. Und deshalb nochmals: Was passiert mit Menschen, die geistige Räume der Überlieferung und damit der Orientierung verloren haben und womöglich gar nicht darum wissen? Die Reisen in eine untergegangene Welt führen nicht zurück in eine heile Welt. Könnte es aber nicht sein, dass Heilung sich nur in dem Maße einstellt, in dem wir uns wieder zum nüchternen Umgang mit dem Geschehenen befähigen, und das gerade auch im Hinblick auf die Stätten unserer geistigen Überlieferung? Dann läge eine lebenslange Schule des Eingedenkens vor einem jeden wachen, von Geist und Hoffnung beflügelten Wesen unter uns.

ANMERKUNGEN

1 Werner Bergengruen: Schriftstellerexistenz in der Diktatur. Aufzeichnungen und Reflexionen zu Politik, Geschichte und Kultur 1940 bis 1963. München: Oldenbourg 2005, S. 52. – Vgl. ders.: Deutsche Reise. Berlin: Drei Masken Verlag 1934.

2 Wolfgang Stähr: Gedächtnis und Verlust. Ein Konzert für Felix Mendelssohn. In: Programmheft des NDR Sinfonieorchesters des Norddeutschen Rundfunks Hamburg vom 3./4. Mai 2009, S. 7–12. Die vorgelegten Zitate S. 7f.

3 Verwandte Gedanken etwa bei Matthias Grundmann: Kriegskinder in Deutschland zwischen Trauma und Normalität. Botschaften einer beschädigten Generation. Münster u.a.: LIT 2009.

4 Vgl. Hans Brunswig: Feuersturm über Hamburg. Die Luftangriffe auf Hamburg im Zweiten Weltkrieg und ihre Folgen. Stuttgart: Motorbuch-Verlag 1987; Jörn Düwel/Niels Gutschow: Fortgewischt sind alle überflüssigen Zutaten. Hamburg 1943 – Zerstörung und Städtebau. Berlin: Lukas 2008.

5 Vgl. Klaus Garber: Linker Nationalismus in Deutschland und das nationalliterarische Projekt im frühneuzeitlichen Europa. In: Nation – Europa – Welt. Identitätsentwürfe vom Mittelalter bis 1800. Hg. v. Ingrid Baumgärtner u.a. Frankfurt a. Main: Klostermann 2007, S. 443–455.

6 Walter Benjamin: Schriften. Bd. I–II. Hg. v. Theodor W. Adorno u. Gretel Adorno unter Mitwirkung von Friedrich Podszus. Frankfurt a. Main: Suhrkamp 1955, hier S. 141–365. Zu Benjamins Ursprung des deutschen Trauerspiels vgl. Klaus Garber: Stationen der Benjamin-Rezeption. In: Ders.: Rezeption und Rettung. Drei Studien zu Walter Benjamin. Tübingen: Niemeyer 1987, S. 121–193.

7 Ein erster interpretatorischer Versuch in dieser Richtung wurde in den achtziger Jahren von Klaus Garber gemacht: Konfession, Politik und Geschichtsphilosophie im ›Ursprung des deutschen Trauerspiels‹. In: Ders., Rezeption und Rettung (wie Anm. 6), S. 81–120. Voran ging eine Rezeptionsgeschichte des Trauerspielbuchs, S. 59–81. Vgl. vom Verfasser auch: Der Ursprung der Moderne im Zeitalter des Barock. Die antiklassischen Epochen im Denken Benjamins. In: Ders.: Zum Bilde Walter Benjamins. Studien – Porträts – Kritiken. München: Fink 1992, S. 193–253. Ders.: Der Metaphysiker in der Rolle des Kritikers. Benjamins Barock-Rezensionen. In: Ders.: Walter Benjamin als Briefschreiber und Kritiker. München: Fink 2005, S. 183–236. Die derzeit letzte Untersuchung zum Trauerspielbuch auf der Basis einer inzwischen reichhaltig vorliegenden Literatur stammt von Bettine

Menke: Das Trauerspiel-Buch. Der Souverän – das Trauerspiel – Konstellationen – Ruinen. Bielefeld: transcript 2010.

8 Vgl. Klaus Garber: Zum Bilde Richard Alewyns. München: Fink 2005, hier S. 111–161 eine Bibliographie der Schriften von und über Richard Alewyn.

9 Vgl. die entsprechenden brieflichen Zeugnisse in der inzwischen abgeschlossenen sechsbändigen Ausgabe der Gesammelten Briefe Walter Benjamins, die Christoph Gödde und Henri Lonitz vorbildlich im Suhrkamp-Verlag besorgten. Die Äußerungen Benjamins über Alewyn nachgewiesen bei Garber, Walter Benjamin als Briefschreiber (wie Anm. 7), S. 188 mit Anm. 8. Vgl. jetzt zum Aufenthalt von Benjamin, Alewyn und Arnold Hirsch in Paris auch die entsprechenden Zeugnisse bei Detlev Schöttker: Dolf Sternberger und Walter Benjamin. Ein Photographie-Aufsatz und seine Folgen. In: Sinn und Form 62 (2010), S. 437–453.

10 Eine neuere Darstellung zur Geschichte der Literatur der Deutschen im Osten fehlt. Vgl. künftig: Klaus Garber/Walter Schmitz: Diesseits und Jenseits der Nationalliteratur. Thesen zu einer Geschichte der deutschsprachigen Literatur in Nordost-, Mittelost- und Südosteuropa von der Frühen Neuzeit bis zur Gegenwart. In: Mitteleuropa. Kontakte und Kontroversen. Dokumentation des II. Kongresses des Mitteleuropäischen Germanistenverbandes (MGV) in Olmütz. Hg. v. Ingeborg Fiala-Fürst, Jürgen Joachimsthaler und Walter Schmitz. Dresden: Thelem 2012 [i. V.].

11 Das ist meisterhaft zuerst erkannt worden von Herbert Schöffler: Deutsches Geistesleben zwischen Reformation und Aufklärung. Von Martin Opitz zu Christian Wolff. 3. Aufl. Frankfurt a. Main: Klostermann 1984. Die erste Auflage des Werkes erschien 1940 unter dem prägnanteren Titel *Deutscher Osten im deutschen Geist.* Dazu heißt es in einer Vorbemerkung zur dritten Auflage von Eckhard Heftrich: »Mit der Änderung sollte nicht verwischt werden, in welch trüber Zeit das Werk entstanden ist. Aber der ursprüngliche Titel wäre nach 1945 kaum noch recht verstanden worden. 1940 war die Formel vom deutschen Osten gerade nicht im damals herrschenden Sinn gemeint, sondern es drückte sich darin eine Opposition gegen das aus, was von den offiziellen Geistesverwaltern und Mitläufern unter deutschem Geist – und gar solchem im deutschen Osten – verstanden wurde. Schöffler wagte es, einer Geistesgeschichte, die mit deutschen Stämmen oder selbst mit Rassen operierte, seine historisch-soziologische Darstellung entgegen zu setzen. Auf die Frage, warum Schlesien im 17. bis ins beginnende 18. Jahrhundert hinein für die deutsche Literatur eine so einmalige Rolle spielte, gab er eine Antwort, die noch heute nicht überholt ist.« (S. VII).

12 Zur literarischen Topologie um 1600 vgl. Wilhelm Kühlmann: Gelehrtenrepublik und Fürstenstaat. Entwicklung und Kritik des deutschen Späthumanismus in der Literatur des Barockzeitalters. Tübingen: Niemeyer 1982; Klaus Garber: Späthumanistische Verheißungen im Spannungsfeld von Latinität und nationalem Aufbruch. In: Germania

latina – Latinitas teutonica. Politik, Wissenschaft, humanistische Kultur vom späteren Mittelalter bis in unsere Zeit. Hg. v. Eckard Keßler u. Heinrich C. Kuhn. Bd. I–II. München: Fink 2003, S. 107–142; Theodor Verweyen: Pluralisierung und Autorität an der Schwelle zur Literaturrevolution um 1600. In: Maske und Mosaik. Poetik, Sprache, Wissen im 16. Jahrhundert. Hg. v. Jan-Dirk Müller u. Jörg Robert. Berlin: LIT 2007, S. 361–396.

13 Vgl. Richard Alewyn: Johann Beer. Studien zum Roman des 17. Jahrhunderts. Leipzig: Mayer & Müller 1932, S. 40 ff., bes. S. 49 ff.

14 Vgl. Kerstin Heldt: Der vollkommene Regent. Studien zur panegyrischen Casuallyrik am Beispiel des Dresdner Hofes August des Starken. Tübingen: Niemeyer 1997; Helen Watanabe-O'Kelley: Court Culture in Dresden. From Renaissance to Baroque. Basingstoke: Palgrave 2002; Uta Deppe: Die Festkultur am Dresdner Hofe Johann Georgs II. von Sachsen (1660–1679). Kiel: Ludwig 2006. Zu Leipzig grundlegend geblieben: Georg Witkowski: Geschichte des literarischen Lebens in Leipzig. Leipzig/Berlin: Teubner 1909. Leider nicht zur Publikation gelangt die methodisch vorbildliche Untersuchung von Bernd Prätorius: Stadt und Literatur im Frühabsolutismus am Beispiel Leipzigs. Historisch-literatursoziologische Prolegomena. Magisterarbeit der Universität Osnabrück 1985.

15 Eine Literaturgeschichte auch dieses gerade im 17. Jahrhundert zentralen Raums fehlt bislang.

16 Vgl. Jürgen Manthey: Königsberg. Geschichte einer Weltbürgerrepublik. München: Hanser 2005; Klaus Garber: Das alte Königsberg. Erinnerungsbuch einer untergegangenen Stadt. Köln/Weimar/Wien: Böhlau 2008.

17 Vgl. Walter Schmitz: Der Ostseeraum – Literarische Modelle einer Kulturlandschaft vom 18. Jahrhundert bis zur Gegenwart. FernUniversität – Gesamthochschule Hagen. Fachbereich Kultur- und Sozialwissenschaften 2002.

18 Verwiesen sei auf: Europa in Trümmern. Augenzeugenberichte aus den Jahren 1944–1948. Gesammelt von Hans Magnus Enzensberger. Frankfurt a. Main: Eichhorn 1990; Winfried G. Sebald: Luftkrieg und Literatur. Mit einem Essay zu Alfred Andersch. München: Hanser 1999.

19 Die klassische, immer wieder zu erinnernde Darstellung: Alexander Mitscherlich: Die Unwirtlichkeit unserer Städte. Anstiftung zum Unfrieden. Frankfurt a. Main 1965. Vgl. auch Wolf Jobst Siedler/Elisabeth Niggemeyer: Die gemordete Stadt. Abgesang auf Putte und Straße, Platz und Baum. Erweiterte Neuaufl. Berlin: Siedler 1993.

20 Klaus Garber: Bibliothek und Stadt als Orte des Eingedenkens. In: Königsberger Buch- und Bibliotheksgeschichte. Hg. v. Axel E. Walter. Köln/Weimar/Wien: Böhlau 2004, S. 69–83. Eingegangen in: Ders.: Nation – Literatur – Politische Mentalität. Beiträge zur Erinnerungskultur in Deutschland. Essays, Reden, Interventionen. München: Fink 2004, S. 147–161.

21 Vgl. ders.: Auf der Suche nach alten Büchern. [Reiseberichte]. In:

Ders.: Das alte Buch im alten Europa. Auf Spurensuche in den Schatzhäusern des alten Kontinents. München: Fink 2006, S. 95–182.

22 Vgl. ders.: Der alte deutsche Sprach- und Kulturraum des Ostens. Erinnerung an eine versunkene Welt im Spiegel von Archiven und Bibliotheken. In: Ders., Das alte Buch im alten Europa (wie Anm. 21), S. 676–748, basierend auf: Ders.: Das alte Buch im alten deutschen Sprachraum des Ostens. Stand und Aufgaben der Forschung am Paradigma des personalen Gelegenheitsschrifttums. In: Wolfenbütteler Barock-Nachrichten 24 (1997), S. 445–520.

23 Vgl. Handbuch der Bibliothekswissenschaft. Hg. v. Fritz Milkau. Bd. I–III. Leipzig: Harrassowitz 1931–1940, Registerband 1942. 2., verm. und verb. Aufl. Hg. v. Georg Leyh. Bd. I–III. Wiesbaden: Harrassowitz 1952–1961, Registerband 1965. Jeweils der abschließende dritte Band (1. Aufl. 1940, 2. Aufl. in zwei Teilbänden 1955–1957) ist der *Geschichte der Bibliotheken* vorbehalten. Darin sind für die deutsche Bibliotheksgeschichte die drei großen und gleich gediegenen Beiträge von Carl Christ (in der zweiten Auflage ergänzt von Anton Kern) zum Bibliothekswesen des Mittelalters, von Aloys Bömer (in der zweiten Auflage ergänzt von Hans Widmann) zum Bibliothekswesen von der Renaissance bis zum Beginn der Aufklärung und von Georg Leyh zu den deutschen Bibliotheken von der Aufklärung bis zur Gegenwart einschlägig.

24 Gesamtkatalog der Preußischen Bibliotheken mit Nachweis des identischen Besitzes der Bayerischen Staatsbibliothek in München und der Nationalbibliothek in Wien. [Ab Bd. IX (1936) unter dem Titel:] Deutscher Gesamtkatalog. Hg. v. der Preußischen Staatsbibliothek [Berlin]. Bd. I–XIV. Berlin: Preußische Druckerei- und Verlagsanstalt 1931–1939. Vgl. dazu Bernd Hagenau: Der Deutsche Gesamtkatalog. Vergangenheit und Zukunft einer Idee. Wiesbaden: Harrassowitz 1988.

25 Die erschreckende Bilanz gleich nach dem Krieg dokumentiert Georg Leyh: Die deutschen wissenschaftlichen Bibliotheken nach dem Krieg. Tübingen: Mohr (Paul Siebeck) 1947. Es handelt sich um eine grundlegende, auf Umfragen beruhende Dokumentation. Auszug unter dem Titel: Die Lage der deutschen wissenschaftlichen Bibliotheken nach dem Kriege. In: Europa-Archiv 1 (1946), S. 234–240, nochmals aktualisiert unter dem gleichen Titel in: Zeitschrift für Bibliothekswesen 61 (1947), S. 19–32.

26 Vgl. Klaus Garber: Kleine Barockreise durch die DDR und Polen. In: Wolfenbütteler Barock-Nachrichten 7 (1980), S. 2–10, S. 50–62. Wiederabgedruckt in: Ders., Das alte Buch im alten Europa (wie Anm. 21), S. 97–123.

27 Vgl. Bücher kehren heim. Aus Anlaß der Übergabe der Gothaer Bibliothek durch die Akademie der Wissenschaften der Union der Sozialistischen Sowjet-Republiken am 29. Juni 1956 in Moskau. Sonderdruck aus: Der Friedenstein. Monatsblätter des Kulturbundes zur demokratischen Erneuerung Deutschlands, Kreisverband Gotha. Juni 1956. [Verfasser:] Gerhard Pachnicke. Dazu: Helmut Claus: Proletarischer

Internationalismus in Aktion – zum 20. Geburtstag der Rückgabe der Bestände der Gothaer Forschungsbibliothek an die Regierung der DDR. In: Zentralblatt für Bibliothekswesen 91 (1977), S. 455–460.

28 Verschwinden der Adels-Bibliotheken in Mitteldeutschland zur Zeit der DDR.

29 Vgl. die erste Nachkriegsdarstellung: Sächsische Landesbibliothek Dresden 1556–1956. Festschrift zum 400-jährigen Bestehen. Leipzig: Harrassowitz 1956. Hierin die große Abhandlung von dem seinerzeitigen Direktor Karl Assmann: Die Sächsische Landesbibliothek von 1945 bis 1955. Zerstörung, Wiederaufbau und gegenwärtiger Stand der Arbeit, S. 29. Zum gesamten Problemkomplex mit weiterer Literatur vgl. Klaus Garber: Der Zweite Weltkrieg und seine bibliothekarischen Spätfolgen. Noch immer geteilte Sammlungen deutscher Literatur in großen historischen Bibliotheken Europas und ihre Restitution als europäische Aufgabe. In: Ders., Das alte Buch im alten Europa (wie Anm. 21), S. 611–663, hier S. 641–654 zur Verlagerung der Dresdner Bücher nach Moskau.

30 Grundlegend geblieben gerade auch für die Geschichte der Bibliothek in der DDR: Deutsche Staatsbibliothek 1661–1961. Bd. I: Geschichte und Gegenwart. Bd. II: Bibliographie. Leipzig: VEB Verlag für Buch- und Bibliothekswesen 1961. Hierin: Werner Schmidt: Die Verlagerung der Bestände im zweiten Weltkrieg und ihre Rückführung, S. 77–86. Vgl. auch: Verlagert, Verschollen, Vernichtet... Das Schicksal der im 2. Weltkrieg ausgelagerten Bestände der Preußischen Staatsbibliothek. Berlin: Staatsbibliothek zu Berlin Preußischer Kulturbesitz 1995. Dazu Werner Schochow: Die Preußische Staatsbibliothek 1918–1945. Ein geschichtlicher Überblick. Mit einem Quellenteil. Köln/Wien: Böhlau 1989. Zum Problemkomplex mit weiterer Literatur auch Garber, Der Zweite Weltkrieg und seine bibliothekarischen Spätfolgen (wie Anm. 29). Hier zu den Berliner Beständen in Krakau S. 613–633, zu den Breslauer Beständen in Berlin S. 633–641.

31 Vgl. Klaus Garber: Eine Bibliotheksreise durch die Sowjetunion. Alte deutsche Literatur zwischen Leningrad, dem Baltikum und Lemberg. In: Neue Rundschau 100 (1989), S. 5–38. Ganzseitiger Auszug in: DIE ZEIT, 23.6.1989. Der Bericht aus der *Neuen Rundschau* in erweiterter Fassung wieder abgedruckt in: Ders., Das alte Buch im alten Europa (wie Anm. 21), S. 125–149.

32 Vgl. ders.: Auf den Spuren verschollener Königsberger Handschriften und Bücher. Eine Bibliotheksreise nach Königsberg, Vilnius und Sankt Petersburg. In: Altpreußische Geschlechterkunde 41 (1993), S. 1–22. Wieder abgedruckt in: Ders., Das alte Buch im alten Europa (wie Anm. 21), S. 151–182.

33 Vgl. den Gedenkband zu Ehren Marian Szyrockis: Memoria Silesiae. Leben und Tod, Kriegserlebnis und Friedenssehnsucht in der literarischen Kultur des Barock. Zum Gedenken an Marian Szyrocki (1928–1992). Hg. v. Miroslawa Czarnecka u.a. Wrocław: Wydawnictwo Uniwersytetu Wrocławskiego 2003. Hierin ein Porträt Szyrockis vom Verfasser, S. 37–51.

34 Vgl. Alfred Rüffler: Die Stadtbibliothek Breslau im Spiegel der Erinnerung. Geschichte – Bestände – Forschungsstätte. Sigmaringen: Thorbecke 1997.

35 Vgl. Klaus Garber: Bücherhochburg des Ostens. Die alte Breslauer Bibliothekslandschaft, ihre Zerstörung im Zweiten Weltkrieg und ihre Rekonstruktion im polnischen Wrocław. In: Kulturgeschichte Schlesiens in der Frühen Neuzeit. Hg. v. Klaus Garber. Tübingen: Niemeyer 2005, S. 539–653. Wieder abgedruckt in: Ders., Das alte Buch im alten Europa (wie Anm. 21), S. 313–438. Ders.: Die Biblioteka Uniwersytecka in Wrocław. Morphologie der Bestände, Umrisse der Provenienzen und Charakteristik der Personalschrifttums-Sammlungen. In: Handbuch des personalen Gelegenheitsschrifttums in europäischen Bibliotheken und Archiven. Im Zusammenwirken mit der Forschungsstelle Literatur der Frühen Neuzeit und dem Institut für Kulturgeschichte der Frühen Neuzeit der Universität Osnabrück hg. v. Klaus Garber. Bd. 1–2: Universitätsbibliothek Breslau – Biblioteka Uniwersytecka we Wrocławiu. Abteilung I: Stadtbibliothek Breslau (Rhedigeriana/St. Elisabeth). Mit einer bibliotheksgeschichtlichen Einleitung und einer kommentierten Bibliographie von Klaus Garber. Hg. v. Stefan Anders, Sabine Beckmann u. Martin Klöker. Hildesheim/Zürich/New York: Olms-Weidmann 2001, Bd. I, S. 17–49. Hinzuzunehmen die umfassende Bibliographie daselbst, S. 51–80.

36 Vgl. ders.: Die alte Danziger Stadtbibliothek als Memorialstätte für das Preußen königlich polnischen Anteils. Sammler, Sammlungen und gelehrtes Leben im Spiegel der Geschichte. In: Kulturgeschichte Preußen königlich polnischen Anteils in der Frühen Neuzeit. Hg. v. Sabine Beckmann u. Klaus Garber. Tübingen: Niemeyer 2005, S. 301–355. Wieder abgedruckt in: Ders., Das alte Buch im alten Europa (wie Anm. 21), S. 439–489. In erweiterter Fassung eingegangen in: Handbuch des personalen Gelegenheitsschrifttums in europäischen Bibliotheken und Archiven (wie Anm. 35). Bd. 23–26: Danzig – Gdansk. Danziger Bibliothek der Polnischen Akademie der Wissenschaften – Biblioteka Gdanska Polskiej Akademii Nauk. Abteilung I: Gedansensia. Mit einer bibliotheksgeschichtlichen Einleitung und einer Bibliographie von Klaus Garber. Hg. v. Stefan Anders, Sabine Beckmann u. Klaus Garber unter Mitarbeit von Stefania Sychta. Hildesheim/Zürich/New York: Olms-Weidmann 2009. Hier im ersten Band der Danzig-Sequenz: Die Danziger Stadtbibliothek. Sammler, Sammlungen und gelehrtes Leben im Umkreis der Stadt, S. 17–50; Bibliographie S. 51–60.

37 Breslau – Danzig: Wiederaufbau.

38 Vgl. Rüffler, Die Stadtbibliothek Breslau im Spiegel der Erinnerung (wie Anm. 34), S. 19ff., S. 3f., S. 40f., S. 61ff.

39 Vgl. ebd., S. 157ff.

40 Vgl. Garber, Bücherhochburg des Ostens (wie Anm. 35), S. 625ff. bzw. S. 407ff. Dazu ders.: Der Zweite Weltkrieg und seine bibliothekarischen Spätfolgen. In: Ders.: Das alte Buch im alten Europa (wie Anm. 21), S. 611–663, hier S. 633ff.

41 Vgl. die in Anm. 36 angeführte Abhandlung zur Danziger Stadtbibliothek S. 333ff. bzw. S. 469ff.

42 Vgl. Garber, Kleine Barock-Reise durch die DDR und Polen. In: Das alte Buch im alten Europa (wie Anm. 26), S. 120; ders., Das alte Buch im alten deutschen Sprachraum des Ostens (wie Anm. 22), S. 710–719 bzw. S. 479–488. Dazu die inzwischen maßgebliche Arbeit von Maria Strutyńska: Struktura proweniencyjna zbioru starych druków Biblioteki Uniwersyteckiej w Toruniu. Przewodnik po zespołach. Problemy badawcze i metodologiczne [Verzeichnis der Sammlung von alten Druckschriften der Universitätsbibliothek in Thorn. Führer durch die Bibliotheksdatenbanken. Forschungsprobleme und Methodologie]. Toruń: Wydawnictwo Uniwersytetu Mikołaja Kopernika 1999.

43 Vgl. Handbuch des personalen Gelegenheitsschrifttums in europäischen Bibliotheken und Archiven (wie Anm. 35). Bd. 21 und 22: Elbing. Mit einer bibliotheksgeschichtlichen Einleitung und einer kommentierten Bibliographie von Fridrun Freise. Hg. v. Fridrun Freise unter Mitarbeit von Stefan Anders u. Sabine Beckmann. Hildesheim/Zürich/New York: Olms-Weidmann 2008. Hier im ersten Teil des Werkes S. 21–71 eine große bibliotheksgeschichtliche Einleitung, gefolgt S. 73–87 von einer minutiösen Bibliographie aus der Feder von Fridrun Freise, die beide immer noch grundlegenden Charakter haben.

44 Vgl. Garber, Das alte Buch im alten deutschen Sprachraum des Ostens (wie Anm. 22), S. 693–701 bzw. S. 460–468. In Kürze ist im Rahmen des *Handbuch des personalen Gelegenheitsschrifttums* (wie Anm. 35) in den Bänden 27–30 anlässlich einer Präsentation der Stettiner Bestände eine eingehende Darstellung von der zuständigen Sachbearbeiterin Sabine Beckmann zu erwarten.

45 Vgl. den – freilich viel zu knappen – Eintrag in: Handbuch Deutscher Historischer Buchbestände in Europa. Eine Übersicht über Sammlungen in ausgewählten Bibliotheken. Hg. v. Bernhard Fabian. Bd. 6: Polen. Bearbeitet von Marzena Zacharska unter Leitung von Jan Pirożyński. Bulgarien. Bearbeitet von Todorka Nikolova. Hildesheim/Zürich/New York: Olms-Weidmann 1999, S. 55–61.

46 Ebd., S. 56.

47 Vgl. Stanislaw Krzywicki: Rozbudowa Ksiaznicy Szczecinskiej [Der Ausbau der Stettiner Bücherei]. In: Bibliotekarz Zacodniopomorski [Westpommerscher Bibliothekar] 28 (1987), S. 58–62.

48 Der Reichtum des Vorkriegsbestandes am ausführlichsten dokumentiert bei Paul Schwenke: Adressbuch der Deutschen Bibliotheken. Leipzig: Harrassowitz 1893. Vgl. die alphabetischen Einträge zu den oben genannten Orten.

49 Die Ksiaznica Pomorska unter ihrem rührigen und äußerst entgegenkommenden Direktor Stanislaw Krzywicki ist intensiv darum bemüht, die Lücke auszufüllen und sich neben Greifswald als Pommersche Landesbibliothek zu etablieren. Vgl. den entsprechenden Eintrag von Marzena Zacharska im oben in Anm. 45 aufgeführten *Handbuch Deutscher Historischer Buchbestände in Europa*, S. 165–171. Zu den

Greifswalder Kriegsverlusten vgl. Garber, Das alte Buch im alten deutschen Sprachraum des Ostens (wie Anm. 22), S. 687–692 bzw. S. 454–460.

50 Vgl. dazu die beiden in Anm. 16 zitierten Werke.

51 Vgl. Klaus Garber: Königsberg als Emblem. In: Kulturgeschichte Ostpreußens in der Frühen Neuzeit. Hg. v. Klaus Garber, Manfred Komorowski u. Axel E. Walter. Tübingen: Niemeyer 2001, S. XVII–XXI.

52 Vgl. ders.: Apokalypse durch Menschenhand. Königsberg in Altpreußen – Bilder einer untergegangenen Stadt und ihrer Memorialstätten. In: Kulturgeschichte Ostpreußens in der Frühen Neuzeit (wie Anm. 51), S. 3–116. Eingegangen in: Ders., Das alte Buch im alten Europa (wie Anm. 21), S. 491–596.

53 Vgl. dazu die eingehende Dokumentation: Königsberger Buch- und Bibliotheksgeschichte. Hg. v. Axel E. Walter. Köln/Weimar/Wien: Böhlau 2004. Vgl. auch Klaus Garber/Axel E. Walter: Bibliothek der Staatlichen Universität Kaliningrad (Königsberg). In: Handbuch deutscher historischer Buchbestände in Europa (wie Anm. 45). Bd. VIII/2: Rußland (Teil 2). Bearbeitet von Boris F. Volodin. Hildesheim/Zürich/New York: Olms-Weidmann 2001, S. 106–115. Hinzuzunehmen ist die große Einleitung von Axel E. Walter in: Handbuch des personalen Gelegenheitsschrifttums in europäischen Bibliotheken und Archiven (wie Anm. 35). Bd. 16: Königsberg. Mit einer bibliotheksgeschichtlichen Einleitung und einer kommentierten Bibliographie von Axel E. Walter. Hg. v. Sabine Beckmann, Klaus Garber u. Axel E. Walter unter Mitarbeit von Stefan Abders. Hildesheim/Zürich/New York 2005. S. 21–92.

54 Aus der inzwischen reichen Literatur sei hier nur verwiesen auf: Deutsche Geschichte im Osten Europas. Baltische Länder. Hg. v. Gert von Pistohlkors. Berlin: Siedler 1994; Kulturgeschichte der baltischen Länder in der Frühen Neuzeit. Mit einem Ausblick in die Moderne. Hg. v. Klaus Garber u. Martin Klöker. Tübingen: Niemeyer 2003.

55 Vgl. Klaus Garber: Schatzhäuser des Geistes. Alte Bibliotheken und Büchersammlungen im Baltikum. Köln/Wien/Weimar: Böhlau 2007.

56 Vgl. Jürgen Hehn: Die Umsiedlung der baltischen Deutschen – das letzte Kapitel baltischdeutscher Geschichte. 2. unveränd. Aufl. Marburg/Lahn: J.G. Herder-Institut 1984.

57 Exemplarisch gezeigt von Martin Klöker: Literarisches Leben in Reval in der ersten Hälfte des 17. Jahrhunderts (1600–1657). Institutionen der Gelehrsamkeit und Dichten bei Gelegenheit. Bd. I–II. Tübingen: Niemeyer 2005.

58 Vgl. Anm. 55.

59 Vgl. Werner Schochow: Bücherschicksale. Die Verlagerungsgeschichte der Preußischen Staatsbibliothek. Auslagerung – Zerstörung – Entfremdung – Rückführung. Dargestellt aus den Quellen. Mit einem Geleitwort von Werner Knopp. Berlin/New York: de Gruyter 2003.

60 Vgl. Klaus Garber: Der Untergang der alten Hamburger Stadtbibliothek im Zweiten Weltkrieg. Auf immer verlorene Barock- und Ham-

burgensien-Schätze nebst einer Rekonstruktion der Sammlungen Hamburger Gelegenheitsgedichte. In: Festschrift Horst Gronemeyer. Hg. v. Harald Weigel. Herzberg: Bautz 1993, S. 801–859. Eingegangen in: Ders., Das alte Buch im alten Europa (wie Anm. 21), S. 237–283.

61 Vgl. ders.: Dresden/Moskau. In: Der Zweite Weltkrieg und seine bibliothekarischen Spätfolgen (wie Anm. 40), S. 641–654.

KLAUS GARBER
BIO-BIBLIOGRAPHISCHE NOTIZ

Geb. 1937 in Hamburg. Ab 1956 Studium der Germanistik, Philosophie und Theologie an den Universitäten Bern, Hamburg und Göttingen, Zweitstudium der Sozialphilosophie und Politischen Wissenschaften in Marburg und Frankfurt. 1970 Promotion bei Richard Alewyn. Danach Forschungs- und Habilitationsstipendiat der DFG in Göttingen. Ab 1975 Professor für Literaturtheorie und Geschichte der Neueren Literatur an der Universität Osnabrück, Gründungsdirektor des dortigen Interdisziplinären Instituts für Kulturgeschichte der Frühen Neuzeit. Mitglied im Wolfenbütteler Arbeitskreis für Barockliteratur; Mitglied in der Historischen Kommission für Ost- und Westpreußische Landesforschung; Mitglied im Bibliotheksausschuss »Verzeichnis deutscher Drucke des 17. Jahrhunderts« der DFG; zahlreiche Forschungsreisen durch die Bibliotheken Europas. Ehrendoktorwürden: Universität Hamburg (2003), Universität Riga (2009).

Unter den Veröffentlichungen: Zum Bilde Walter Benjamins (1992); Kulturgeschichte Ostpreußens in der Frühen Neuzeit (2001); Nation – Literatur – politische Mentalität (2004); Walter Benjamin als Briefschreiber und Kritiker (2005); Zum Bilde Richard Alewyns (2005); Das alte Buch im alten Europa (2006); Schatzhäuser des Geistes (2007); Das alte Königsberg (2008); Literatur und Kultur im Europa der Frühen Neuzeit (2009); Arkadien (2009).
Herausgeber: Stadt und Literatur im deutschen Sprachraum der Frühen Neuzeit (1998); Die Wunde der Geschichte (1999); Handbuch des personalen Gelegenheitsschrifttums in europäischen Bibliotheken und Archiven (2001 ff.); Der Frieden. Rekonstruktion einer europäischen Vision (2001); Kulturgeschichte der baltischen Länder in der Frühen Neuzeit (2003); Kulturgeschichte Schlesiens in der Frühen Neuzeit (2005). Sigmund von Birken. Werke und Korrespondenz (2005).

Oskar Walzel Vorlesungen

der Technischen Universität Dresden

Die Vorlesung von Klaus Garber *Reisen in eine untergegangene Welt* ist die dritte in der Reihe der Oskar-Walzel-Vorlesungen an der Technischen Universität Dresden. Sie fand am 23.6.2010 statt.

Die Oskar-Walzel-Vorlesungen an der Technischen Universität Dresden werden von den Professuren für Neuere deutsche Literatur und Kulturgeschichte und Neueste deutsche Literatur und Didaktik der deutschen Sprache und Literatur sowie vom MitteleuropaZentrum der Technischen Universität Dresden getragen. Die Verantwortung für die Vorlesungsreihe wie ihre Veröffentlichung liegt bei Walter Schmitz (geschäftsführend) und bei Klaus Schuhmacher.

Oskar Walzel (1864–1944) wirkte von 1907 bis 1921 als Professor für Literatur- und Kunstgeschichte und Direktor des Landeshistorischen Seminars an der kulturwissenschaftlichen Abteilung der damaligen Technischen Hochschule Dresden. Durch Oskar Walzel – so wie er in Dresden tätig war – werden die drei Dimensionen seines Faches miteinander verbunden: die Philologie, die interdisziplinäre Zusammenarbeit und das Wirken in der und für die Öffentlichkeit. Diesem Anspruch wissen sich die Oskar-Walzel-Vorlesungen, die an das Wirken dieses großen Gelehrten an der Technischen Hochschule in Dresden erinnern sollen, verpflichtet.

Oskar Walzel Schriften

Herausgegeben von Walter Schmitz
in Verbindung mit Klaus Schuhmacher

In dieser Reihe erscheinen Magisterarbeiten aus dem Bereich Neuere deutsche Literatur und Kulturgeschichte, die mit dem »Oskar-Walzel-Preis für herausragende Abschlussarbeiten in der germanistischen Literatur- und Kulturwissenschaft« an der TU Dresden ausgezeichnet wurden.

Andreas Känner
»Jeder Ort hat seinen Heiligen«
Gruppenbildung um Ludwig Tieck in Dresden – Inszenierung und Selbstinszenierung eines Autors
Dresden 2009. ISBN 978-3-939888-74-1

Michael Bittner
Ästhetischer Staat oder politische Kunst?
Die Poetik Georg Büchners am Ende der Kunstperiode
Dresden 2010. ISBN 978-3-939888-85-7

Johannes Näder
Open Access
Wissenschaftliche Verwertung im Zeitalter von Digitalität und Internet
Dresden 2011. ISBN 978-3-942411-04-2

Wieland Schwanebeck
Annäherungsversuche
Der Universitätsroman und die deutschsprachige Gegenwartsliteratur
Dresden 2012. ISBN 978-3-942411-51-6

Erhältlich in Ihrer Buchhandlung oder direkt beim Verlag:

THELEM
Universitätsverlag und Buchhandel
Eckhard Richter & Co. oHG
Bergstr. 70 | 01069 Dresden
Tel.: +49 (351) 4721463 | Fax: +49 (351) 4721465
mail@thelem.de | www.thelem.de

TECHNISCHE UNIVERSITÄT DRESDEN

Professuren für
Neuere deutsche Literatur und Kulturgeschichte
Neueste deutsche Literatur und Didaktik der
deutschen Sprache und Literatur

MitteleuropaZentrum der TU Dresden

Bibliografische Information der Deutschen Nationalbibliothek
Die Deutsche Nationalbibliothek verzeichnet diese Publikation in der Deutschen Nationalbibliografie; detaillierte bibliografische Daten sind im Internet über http://dnb.d-nb.de abrufbar.

Bibliographic information published by the Deutsche Nationalbibliothek
The Deutsche Nationalbibliothek lists this publication in the Deutsche Nationalbibliografie; detailed bibliographic data are available in the Internet at http://dnb.d-nb.de.

ISBN 978-3-942411-26-4

In Kommission bei

THELEM
Universitätsverlag und Buchhandel
Eckhard Richter & Co. OHG
Bergstr. 70
01069 Dresden
Tel.: +49 (351) 4721463
Fax: +49 (351) 4721465
Mail: mail@thelem.de